Criaturas marinas

Resolver ecuaciones y desigualdades

Lori Barker

Asesoras

Pamela Dase, M.A.Ed.
Maestra certificada por la Junta Nacional
Barbara Talley, M.S.
Universidad de Agricultura y Mecánica de Texas

Créditos de publicación

Rachelle Cracchiolo, M.S.Ed., *Editora comercial*
Emily R. Smith, M.A.Ed., *Vicepresidenta superior de desarrollo de contenido*
Véronique Bos, *Vicepresidenta de desarrollo creativo*
Caroline Gasca, M.S.Ed., *Gerenta general de contenido*
Robin Erickson, *Directora superior de arte*

Créditos de imágenes

Portada Neil Balderson/Shutterstock; pág.1 Neil Balderson/Shutterstock; pág.4 (inserto) Johan Swanepoel/Shutterstock; pág.4 (fondo) Andrey Yurlov/Shutterstock; pág.5 ANP MARCEL ANTONISSE/Newscom; págs.6–7 Galushko Sergey/Shutterstock; pág.7 Wong Hock Weng/Shutterstock; pág.8 alohatroy/BigStock Photo; pág.9 Reinhard Dirscherl/Photolibrary; pág.10 Dr. Paul A. Zahl/Photo Researchers, Inc.; pág.12 (izquierda) Stubblefield Photography/Shutterstock, (derecha) Teguh Tirtaputra/Shutterstock, International Pty Ltd/Alamy; págs.12–13 Studio 37/Dreamstime; pág.14 (izquierda) Peter David/Getty Images, (derecha) Getty Images/National Geographic Creative, (inferior) Peter David/Getty Images; pág.15 Stubblefield Photography/Shutterstock; pág.16 ifishifish/iStockphoto; pág.17 (izquierda) Jung Hsuan/Shutterstock, (derecha) MIXA/Getty Images; pág.18 Cigdem Sean Cooper/Shutterstock; pág. 19 Eric Isselée/Shutterstock; pág.20 Stephen Frink/Getty Images; pág.21 Stephen Frink/Getty Images; pág.22 Stuart Westmorland/Getty Images; págs.22–23 Nastya Pirieva/Shutterstock; pág.23 lavigne herve/Shutterstock; pág.24 Getty Images/Flickr RM; pág.25 (inserto) Tegu Tirtaputra/Shutterstock; pág.25 (inferior) James van den Broek/Shutterstock; págs.26–27 AFP/Getty Images; pág.28 Rich Carey/Shutterstock; pág.29 Undersea Discoveries/Shutterstock; todas las demás imágenes cortesía de Shutterstock.

5482 Argosy Avenue
Huntington Beach, CA 92649
www.tcmpub.com
ISBN 979-8-7659-6050-9
© 2024 Teacher Created Materials, Inc.
Printed by: 51497
Printed in: China

Tabla de contenido

En el mar

El mar está lleno de criaturas maravillosas. Algunas pesan más de 100 libras (45.4 kg). Otras son tan pequeñas que solo se ven con un microscopio. Algunas viven cerca de la superficie del océano. Otras viven a tanta profundidad que nunca están expuestas a la luz solar.

¿Cuáles son estas criaturas del mar?

El océano ocupa aproximadamente el 71 % de nuestro planeta. Casi la mitad de todas las **especies** que se conocen en la Tierra viven en las aguas de los océanos.

Cangrejos monstruosos

El cangrejo gigante japonés es el cangrejo más grande el mundo. Vive en el suelo oceánico. Se encuentra a una profundidad de 650 a 1,000 pies (198–305 m). Algunos ejemplares han sido hallados a una profundidad mucho mayor.

El cuerpo de un cangrejo gigante japonés puede medir hasta 15 pulgadas (38 cm) de ancho. Es un tamaño bastante grande, pero no es el cuerpo lo que hace que sea el cangrejo más grande del mundo. Es la envergadura, o la distancia entre los extremos de las patas. ¡La envergadura más larga que se haya confirmado es de unos 13 pies (4 m)! Ha habido algunos hallazgos no confirmados de envergaduras incluso mayores.

¿Lo sabías?
El cangrejo gigante japonés tiene una esperanza de vida de unos 100 años.

El cangrejo gigante japonés puede llegar a pesar 40 libras (18 kg), aunque la mayoría pesa menos. El peso promedio es de unas 11 libras (5 kg).

Podemos escribir una **expresión algebraica** para saber cuántos kilogramos pesaría cierta cantidad de cangrejos basándonos en su peso promedio. Si c representa la cantidad de cangrejos, entonces $5c$ representa el peso promedio combinado de los cangrejos expresado en kilogramos. La letra c es una **variable**. Una variable es un símbolo o una letra que representa un número, el cual puede tener un valor diferente según el problema. En este caso, c representa la cantidad de cangrejos. Esta variable, multiplicada por el peso promedio de 5 kilogramos, forma la expresión algebraica $5c$.

La tabla muestra el peso total de diferentes cantidades de cangrejos con un peso promedio de 5 kilogramos.

Cantidad de cangrejos (c)	Peso promedio (en kg) multiplicado por la cantidad de cangrejos	Peso total (en kg) (p)
1	5 · 1	5
2	5 · 2	10
3	5 · 3	15
4	5 · 4	20
5	5 · 5	25
c	5 · c	5c

Sea p el peso total de cualquier cantidad de cangrejos. La **ecuación** $p = 5c$ muestra el peso total (p) de c cangrejos.

Podemos resolver la ecuación $p = 5c$ mediante la **sustitución**. Si tenemos 2 cangrejos, podemos sustituir la variable c por el número 2. Es decir, $p = 5(2)$, o $p = 10$. El peso promedio combinado de 2 cangrejos es 10 kilogramos.

El signo de la multiplicación que falta

En las expresiones algebraicas, el signo de la multiplicación **se omite**. Cuando escribimos un número inmediatamente antes de una variable, por ejemplo, $5c$, significa que el número (5) se multiplica por la variable (c).

Variables independientes y dependientes

En la ecuación $5c = p$, hay dos variables. La variable c es la variable independiente. La variable p es la variable dependiente. Eso significa que el valor de p depende del valor de c.

EXPLOREMOS LAS MATEMÁTICAS

Cada cangrejo tiene 2 pinzas con las que se alimenta.

a. Determina la cantidad total de pinzas, p, para 0 a 6 cangrejos. Escribe tus respuestas en una tabla como la que se muestra en la página 6.

b. Escribe una ecuación para representar la cantidad total de pinzas, p, de x cangrejos.

c. Observa la ecuación que escribiste para el problema **b**. Identifica las variables dependiente e independiente.

Un pez velocista

El pez vela es el pez más rápido del mar. Se han registrado saltos desde el agua de 68 millas (109 km) por hora. Sin embargo, el pez vela no mantiene esa rapidez por mucho tiempo. Se sabe que puede mantener una rapidez bastante alta de 20 millas (32 km) por hora. Son unos 1,760 pies (536 m) por minuto. ¡Es igual a un tercio de milla por minuto!

Esta tabla muestra la distancia total que recorre un pez vela a 1,760 pies por minuto.

Tiempo (en minutos) (t)	1,760 pies por minuto (r) multiplicados por el tiempo (en minutos) (r · t)	Distancia total (en pies) (d)
1	1,760 · 1	1,760
2	1,760 · 2	3,520
3	1,760 · 3	5,280
t	1,760 · t	1,760t

La distancia (d) que nada el pez es igual a la rapidez (r) multiplicada por el tiempo (t). La ecuación que se usa para hallar una distancia (d = rt) se llama fórmula de la distancia. En este caso, d = 1,760t. Al sustituir la variable independiente (t) por distintos valores, podemos hallar la variable dependiente (d).

Además de ser rápidos, los peces vela también son bastante grandes. Pueden medir más de 10 pies (3 m) y pesar hasta 220 libras (100 kg). Se encuentran en las aguas templadas de los océanos Atlántico, Pacífico e Índico, generalmente cerca de la superficie pero lejos de tierra firme. Los peces vela se alimentan de calamares y pulpos, así como de cardúmenes de peces más pequeños.

EXPLOREMOS LAS MATEMÁTICAS

Un pez vela está a 400 pies (122 m) de un arrecife de coral. Se aleja del arrecife a 900 pies (274 m) por minuto.

a. Haz una tabla como la de la página 8 para mostrar la distancia entre el pez y el arrecife (d) al cabo de 1, 2, 3 y t minutos.

b. Escribe una ecuación que pueda usarse para hallar la distancia total (d) a la que estará el pez vela respecto del arrecife en t minutos.

c. Identifica las variables independiente y dependiente en la ecuación que escribiste para el problema **b**.

d. Escribe un problema verbal que podría describirse con $d = 8t + 200$.

Los corceles del mar

A pesar de su aspecto inusual, el caballito de mar en realidad es un pez. Estos peces óseos suelen medir entre 0.6 y 14 pulgadas (1.5 a 36 cm) de largo. Viven en aguas cálidas y poco profundas. Su hábitat suelen ser las hierbas altas o los arrecifes de coral. En esos lugares se esconden de los depredadores.

El caballito de mar pasa gran parte del tiempo descansando con la cola **prensil** envuelta alrededor de algún objeto inmóvil.

Caballitos padres

Los caballitos machos tienen un papel importante en el cuidado de las crías antes del nacimiento. Primero, la hembra deposita los huevos en una bolsa frontal que tiene el macho. Luego, el macho lleva los huevos en su bolsa de dos a cuatro semanas. Los huevos **eclosionan** en la bolsa. Luego, el caballito de mar macho da a luz a los bebés.

caballito de mar macho dando a luz

El caballito de mar nada en posición vertical. No es muy buen nadador. Usa una pequeña **aleta dorsal** ubicada en su espalda para nadar, y una diminuta aleta en la parte trasera de la cabeza para cambiar de dirección.

La aleta dorsal se mueve de 20 a 35 veces por segundo. La tabla muestra la cantidad de aleteos al cabo de 1, 2, 3, 4 y t segundos considerando una rapidez de 35 aleteos por segundo. La ecuación $a = 35t$ describe la cantidad de aleteos (a) en un tiempo dado (t).

Tiempo (en segundos) (t)	Rapidez (en aleteos por segundo) multiplicada por el tiempo ($r \cdot t$)	Cantidad de aleteos (a)
1	$35 \cdot 1$	35
2	$35 \cdot 2$	70
3	$35 \cdot 3$	105
4	$35 \cdot 4$	140
t	$35 \cdot t$	$35t$

EXPLOREMOS LAS MATEMÁTICAS

Observa la tabla de aleteos que se muestra arriba.

a. Sustituye t por 5 en $a = 35t$ para hallar la cantidad de aleteos al cabo de 5 segundos.

b. ¿Cuál sería la cantidad de aleteos al cabo de 5 segundos a una rapidez de 20 aleteos por segundo?

c. Imagina que la aleta dorsal de un caballito de mar aletea 27 veces por segundo. Escribe una ecuación que describa la cantidad de aleteos después de t segundos.

El tiempo que la aleta dorsal de un caballito de mar aletea siempre será mayor que o igual a cero. Podemos expresarlo con la **desigualdad** t ≥ 0. La gráfica de abajo representa esta desigualdad. Observa que el círculo sólido en la gráfica indica *mayor que o igual a*.

El caballito de mar también es conocido como *hipocampo*. El nombre viene de una palabra griega formada por *hippo* ("caballo") y *campe* ("monstruo marino"). Así llamaban los griegos a una criatura mitológica con cabeza de caballo y cuerpo de pez.

El caballito de mar pigmeo es el caballito de mar más pequeño de todos. Generalmente no mide más de 1 pulgada (2.5 cm) de largo.

El caballito de mar no tiene estómago. Necesita comer muy seguido para mantenerse con vida. Puede llegar a comer 3,000 artemias en un solo día. La cantidad de artemias que le quedan por comer en un día depende de la cantidad que ya ha comido. La ecuación $q = 3,000 - c$ expresa la cantidad de artemias que le quedan por comer (q) si ya ha comido una cierta cantidad (c).

Cantidad de artemias comidas (c)	Total de artemias comidas por día menos la cantidad ya comida ese día (3,000 − c)	Cantidad de artemias que quedan por comer (q)
0	3,000 − 0	3,000
500	3,000 − 500	2,500
1,000	3,000 − 1,000	2,000
2,000	3,000 − 2,000	1,000
c	3,000 − c	3,000 − c

EXPLOREMOS LAS MATEMÁTICAS

a. Usa la ecuación $q = 3,000 - c$ para calcular cuántas artemias quedan por comer si ya se han comido 1,082 artemias.

b. Identifica la variable dependiente en la ecuación $q = 3,000 - c$. ¿Cómo sabes que es la variable dependiente?

c. La desigualdad $c \geq 0$ indica que la cantidad de artemias ya comidas es mayor que o igual a cero. Escribe una desigualdad para mostrar que la cantidad de artemias que quedan por comer debe ser menor que o igual a 3,000.

Peces pescadores

Los animales necesitan alimento para sobrevivir. Los métodos que usan para obtener el alimento varían de un animal a otro. Los animales tienen **adaptaciones** que los ayudan a sobrevivir. Algunas de esas adaptaciones se relacionan con la necesidad de alimento.

La esca de un rape le volverá a crecer si un animal la muerde y se la quita.

ilicium

¿Qué adaptación parecen tener en común estos peces? ¿Cuál es un uso posible de esta adaptación?

El pez sapo peludo es uno de varios peces que tienen su propia caña de pescar y su propia carnada en la parte superior de la cabeza. El ilicium se usa como caña de pescar. La esca, ubicada en el extremo del ilicium, imita el aspecto y el movimiento de un animal pequeño, y se usa como carnada. La esca está cerca de la boca para atraer presas como peces o camarones. Cuando la presa se acerca lo suficiente, el pez sapo peludo atrapa rápidamente el alimento con la boca.

La rapidez con la que atrapa a la presa es increíble. Se ha registrado a un pez sapo peludo consumir a su presa en apenas seis milésimas de segundo (0.006 segundos).

pez sapo peludo

Si x = el tiempo para escaparse, en segundos, entonces $x \geq 0$ y $x \leq 0.006$.

La variable x es mayor que o igual a cero y menor que seis milésimas de segundo. La siguiente gráfica representa la desigualdad.

| 0 | 0.001 | 0.002 | 0.003 | 0.004 | 0.005 | 0.006 | 0.007 |

La boca y el estómago del pez sapo peludo tienen la capacidad de expandirse. Como resultado, ¡el pez puede comer presas de hasta el doble de su tamaño!

Los peces sapo no se mueven mucho. Suelen esperar que el alimento llegue a ellos. Sin embargo, usan sus **aletas pectorales** para caminar por el suelo oceánico y acercarse a sus presas.

La boca del pez sapo puede expandirse a 12 veces su tamaño normal.

El pez sapo peludo necesita un tanque de al menos 45 galones. Sea x el tamaño del tanque en galones. El tamaño recomendado puede escribirse como $x \geq 45$ galones.

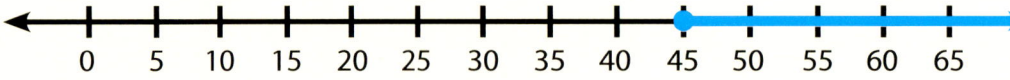

El círculo sólido en el número 45 indica que el 45 está incluido en la **solución**. La línea continúa hacia la derecha para indicar que la solución incluye todos los valores mayores que o iguales a 45.

El venenoso pez globo

   Algunas especies marinas tienen adaptaciones para protegerse de sus depredadores. El pez globo es muy venenoso cuando otros animales se lo comen. También puede llenar su estómago de agua para parecer mucho más grande. Esas adaptaciones protegen al pez globo, que se mueve lentamente y no puede escapar a gran velocidad de sus depredadores.

 Aunque los peces globo pueden ser altamente tóxicos, su carne es considerada un **manjar** en Japón, Corea y China. Es muy costosa y debe ser preparada por cocineros que sepan qué partes son seguras para comer.

Imagina que en un acuario hay peces globo. Algunos han sido alimentados y otros no. Si tres peces globo han sido alimentados y hay cinco peces globo en el acuario, podemos escribir la ecuación $3 + x = 5$ para calcular cuántos peces globo no han sido alimentados. La variable x representa la cantidad de peces no alimentados.

Piensa que una ecuación tiene dos lados que deben estar equilibrados. Los dos lados, separados por el signo igual, deben tener el mismo valor.

En la ecuación $3 + x = 5$, si quitas tres peces globo de ambos lados, los dos lados de la ecuación siguen equilibrados. Creas una **ecuación equivalente** nueva para hallar la **solución.** Cuando restas tres de ambos lados, la ecuación equivalente es $x = 2$.

Resuelves la ecuación y hallas que no han sido alimentados dos peces globo.

Operaciones inversas

Una **operación inversa** es una operación que revierte otra operación. La suma y la resta son operaciones inversas. La multiplicación y la división también lo son. Usa operaciones inversas para **aislar** una variable y resolver una ecuación.

La ecuación puede resolverse con fichas de álgebra o números.

▬▬ = **ficha de x.** Cada ficha de x representa la cantidad desconocida de peces globo, x.

▪ = **ficha de 1**. Cada ficha de 1 representa un pez globo.

Paso 1: Representa la ecuación.

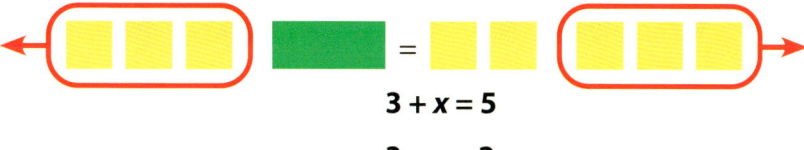

$$3 + x = 5$$

Paso 2: Aísla la variable quitando tres fichas de 1 de cada lado.

$$3 + x = 5$$
$$\underline{-3 \qquad -3}$$

Paso 3: Halla la solución.

$$x = 2$$

Hay 2 peces globo sin alimentar en el acuario.

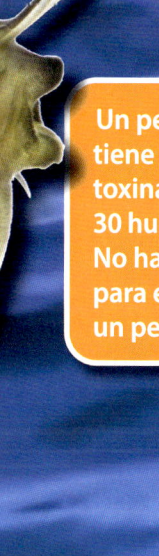

Un pez globo tiene suficiente toxina para matar a 30 humanos adultos. No hay **antídoto** para el veneno de un pez globo.

La carabela portuguesa

La carabela portuguesa es otra criatura marina venenosa. Parece una medusa, pero en realidad es un animal compuesto de muchos organismos que trabajan juntos para sobrevivir. Tiene una vejiga llena de gas que flota en la superficie del océano, y tentáculos largos y delgados que pueden medir hasta 165 pies (50 m).

Imagina que una carabela portuguesa joven tiene tentáculos que miden 5 metros cada uno. Sus tentáculos pueden llegar a medir 10 metros como máximo. ¿Cuántos metros pueden crecer? Sea x el crecimiento de los tentáculos (en metros).

$$5 + x \leq 10$$

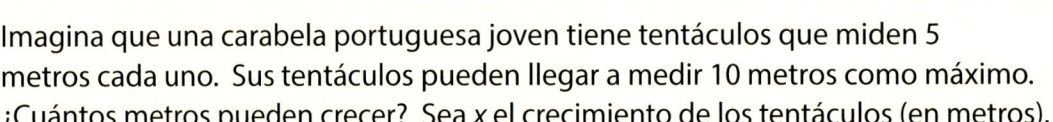

El crecimiento de los tentáculos será menor que o igual a 5 metros. Dado que los tentáculos no se encogen, el crecimiento será mayor que o igual a 0.

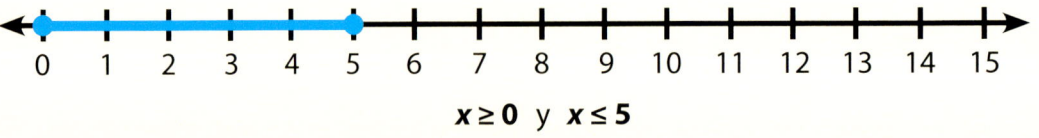

$$x \geq 0 \ \text{y} \ x \leq 5$$

Los tentáculos de la carabela tienen cápsulas venenosas que paralizan a los peces pequeños. Este veneno también les produce una punzada muy dolorosa a los seres humanos. Incluso una carabela muerta que ha sido arrastrada hasta la playa puede picar, ¡así que ten cuidado por donde caminas! Pero hay un pequeño pez, el pez carabela, que es inmune a la picadura de la carabela. ¡De hecho, vive dentro de los tentáculos de la carabela y se alimenta de ellos!

EXPLOREMOS LAS MATEMÁTICAS

La carabela portuguesa produce hasta 10,000 picaduras en humanos en Australia cada verano.

a. Escribe dos desigualdades para representar las picaduras de la carabela en Australia en un verano. Representa las desigualdades en rectas numéricas.

b. En una semana, una guardavidas atendió a x nadadores en Australia que habían sido picados por una carabela portuguesa. Veintitrés de esos nadadores necesitaron también atención médica, pero 50 no la necesitaron. ¿A cuántos nadadores atendió la guardavidas? Observa cómo puede resolverse la ecuación. ¿Por qué se sumó 23 a ambos lados de la ecuación?

$$x - 23 = 50$$
$$\underline{+23 \quad +23}$$
$$x = 73$$

c. La semana siguiente, 43 nadadores fueron picados por una carabela portuguesa, y 12 necesitaron atención médica. Escribe una ecuación para mostrar la cantidad de nadadores que no necesitaron atención médica (x). Resuelve la ecuación.

El pulpo: un escapista increíble

El pulpo es el **invertebrado** más inteligente. Tiene muchas adaptaciones con las que evita a sus depredadores astutamente. Se camufla para pasar desapercibido en su entorno y esconderse de sus atacantes. También expulsa tinta negra para bloquear la visión de sus depredadores, y luego se escapa nadando rápidamente. Como no tiene esqueleto, el pulpo puede escapar escabulléndose por espacios muy pequeños. Incluso puede perder uno de sus ocho tentáculos, si es necesario, para escapar de un atacante, y luego el tentáculo vuelve a crecer.

Imagina un acuario con pulpos. Un observador cuenta 16 tentáculos de pulpo. ¿Cuántos pulpos hay? La letra x representará la cantidad de pulpos.

Paso 1: Representa la ecuación.

$$8x = 16$$

Paso 2: Aísla la variable. Divide las fichas de x y las fichas de 1 en 8 grupos iguales.

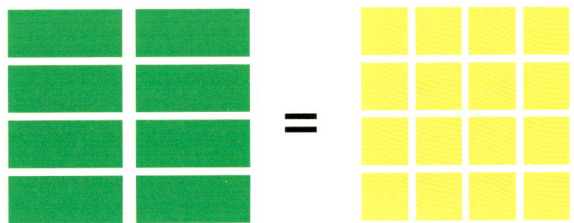

$$\frac{8x}{8} = \frac{16}{8}$$

(*Pista*: Para que una ecuación esté equilibrada, cualquier operación que se haga de un lado de la ecuación también tiene que hacerse del otro lado).

Paso 3: Halla la solución.

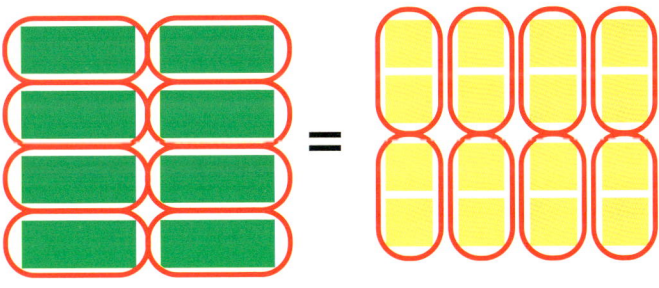

$$x = 2$$

Si se cuentan 16 tentáculos de pulpo, entonces hay dos pulpos.

Su talento para escapar del peligro no garantiza que los pulpos tengan una larga vida. De hecho, los pulpos tienen una esperanza de vida baja. Los machos mueren poco después de aparearse. Las hembras no comen mientras cuidan sus huevos, y mueren poco después de que los huevos eclosionan. Algunas especies de pulpos viven solo seis meses.

El pulpo de anillos azules es la única clase de pulpo que es mortal para los humanos. Su mordida es venenosa.

Imagina que dos pulpos están poniendo huevos. Los dos pondrán la misma cantidad de huevos. Pondrán menos de 100,000 huevos entre los dos. Escribe una desigualdad para mostrar cuántos huevos pondrá cada pulpo (x).

Paso 1: Escribe la desigualdad. $2x < 100,000$

Paso 2: Aísla la variable. $\frac{2x}{2} < \frac{100,000}{2}$

(*Pista:* Al igual que con las ecuaciones, para que una desigualdad esté equilibrada, cualquier operación que se haga de un lado también debe hacerse del otro lado).

Paso 3: Halla la solución. $x < 50,000$

Cada pulpo pondrá hasta 50,000 huevos.

EXPLOREMOS LAS MATEMÁTICAS

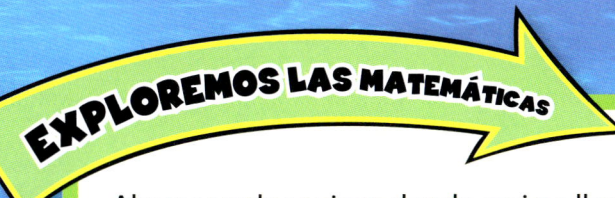

Algunos pulpos viven donde casi no llega luz solar. Los científicos aprenden más sobre estos animales mediante filmaciones. Imagina que hay 52 pulpos y cada uno es filmado la misma cantidad de tiempo. Los pulpos fueron filmados un total de 624 horas. ¿Cuántas horas fue filmado cada pulpo? Escribe una ecuación para resolver el problema.

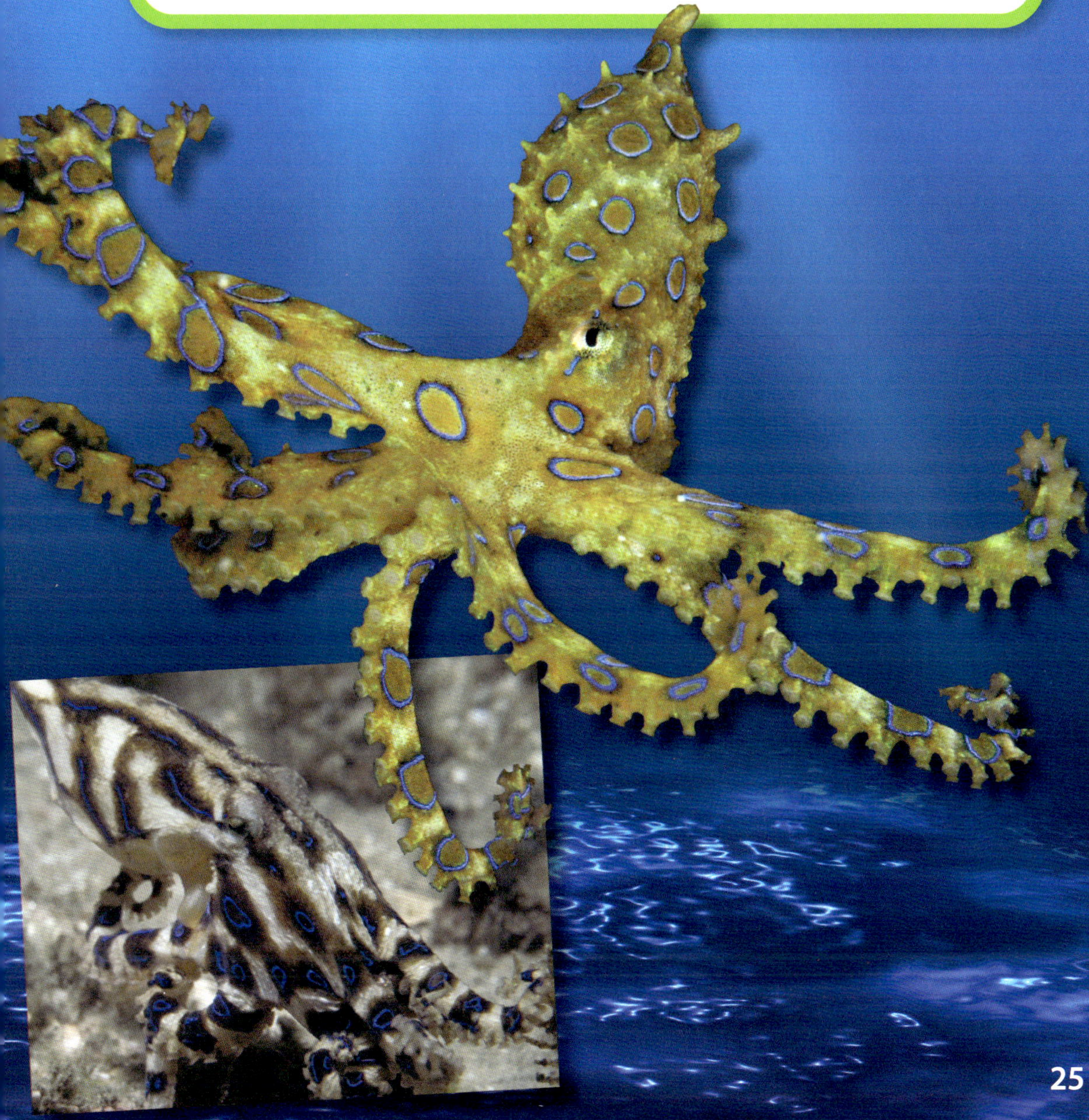

Nuevos descubrimientos

Los océanos albergan una impresionante cantidad de vida. Muchas criaturas marinas son conocidas y se sabe bastante de ellas. Algunas especies se conocen porque se ha visto un solo animal. Otras aún no se han descubierto. En 2010, se publicó el primer Censo de la Vida Marina. Hicieron falta 10 años y 2,700 científicos para completar el informe. ¡Los científicos descubrieron más de 1,200 nuevas especies, lo que llevó el total de especies marinas conocidas a casi 250,000! ¿Qué más habrá allí afuera? Las futuras investigaciones seguramente revelarán más criaturas marinas interesantes.

El cangrejo yeti es un crustáceo ciego que fue descubierto en 2005 en el océano Pacífico Sur cerca de la Isla de Pascua. Tiene un pelo sedoso que cubre sus patas y pinzas, lo que lo hace parecerse al legendario monstruo Yeti.

Esta anémona de mar atrapamoscas fue hallada en el golfo de México. Estas criaturas pueden hallarse a unos 4,900 pies (1,494 m) bajo el nivel del mar.

Se descubrió una nueva especie de langosta ciega en 2008. Una de sus pinzas es excepcionalmente grande, y probablemente la use para defenderse.

Esta nueva especie, llamada gusano calamar, fue descubierta en 2007 cerca de Filipinas.

Tortugas marinas verdes

Algunos animales comienzan su vida en tierra firme, pero luego viven mayormente en el mar. Un ejemplo es la tortuga marina. Las crías de las tortugas marinas nacen de huevos en la tierra, pero al poco tiempo se dirigen al océano. La mayoría pasa la primera parte de su vida lejos de la costa, pero finalmente se acercan a la tierra.

Las tortugas marinas verdes pasan gran parte del tiempo nadando en el agua. Nadan con una rapidez de aproximadamente 0.9 a 1.4 millas (1.4 a 2.3 km) por hora.

Observa la tabla de abajo sobre la rapidez de una tortuga. Puedes ver que la rapidez de desplazamiento está expresada en metros por minuto.

Tiempo (en minutos) (t)	Rapidez (en metros por minuto) multiplicada por el tiempo ($r \cdot t$)	Distancia (en metros) (d)
3	33 · 3	99
6	33 · 6	198
9	33 · 9	297

¡Resuélvelo!

a. Escribe una ecuación para los datos de la tabla. Identifica las variables dependiente e independiente. (*Pista:* ¿Hay valores en la tabla que sean iguales?).

b. ¿Cuántos metros recorrió la tortuga en 6 minutos?

c. La tortuga nadó una distancia de 2,937 metros. ¿Cuántos minutos nadó?

Usa los pasos de abajo como ayuda para resolver los problemas.

Paso 1: Para el problema **a**, usa la fórmula de la distancia como ayuda para escribir una ecuación.

Paso 2: Sustituye *t* por 6 en la ecuación que escribiste en el problema **a** para hallar la distancia que recorrió la tortuga.

Paso 3: Sustituye *d* por 2,937 metros en la ecuación que escribiste en el problema **a**. Aísla la variable *t* realizando la operación inversa en ambos lados de la ecuación.

Glosario

adaptaciones: características de un organismo que lo ayudan a sobrevivir

aislar: separar algo para que esté solo

aleta dorsal: la aleta que un pez usa para desplazarse hacia delante

aletas pectorales: un par de aletas que están a cada lado de la cabeza de un pez

antídoto: el remedio para un veneno

desigualdad: un enunciado matemático que usa los símbolos <, >, ≤ o ≥ para comparar dos expresiones

eclosionan: se abren los huevos cuando nacen los animales que están dentro

ecuación: una oración numérica que tiene un signo de igualdad

ecuación equivalente: una ecuación que tiene la misma solución que otra ecuación

especies: tipos de animales

expresión algebraica: una frase matemática que es una combinación de uno o más números y variables, y una o más operaciones

invertebrado: un animal que no tiene columna vertebral

manjar: una comida que las personas disfrutan porque es especial o poco frecuente

operación inversa: una operación que es la opuesta de otra

prensil: capaz de sujetarse a algo

se omite: no se incluye

solución: cualquier valor de una variable que hace que la ecuación o la desigualdad sea verdadera; la respuesta a un problema

sustitución: el método de reemplazar una variable con un valor numérico

variable: un símbolo o una letra que representa a un valor desconocido

Índice

Exploremos las matemáticas

Página 7:

a.

Cantidad de cangrejos (x)	Cantidad de pinzas por cangrejo (2) multiplicada por la cantidad de cangrejos ($2 \cdot x$)	Cantidad total de pinzas (p)
0	$2 \cdot 0$	0
1	$2 \cdot 1$	2
2	$2 \cdot 2$	4
3	$2 \cdot 3$	6
4	$2 \cdot 4$	8
5	$2 \cdot 5$	10
6	$2 \cdot 6$	12

b. $p = 2x$

c. variable independiente: x
variable dependiente: p

Página 9:

a.

Tiempo (en minutos) (t)	Rapidez (900 pies por minuto) multiplicada por el tiempo, más la distancia inicial (400 pies) ($r \cdot t) + 400$	Distancia total (en pies) (d)
1	$(900 \cdot 1) + 400$	1,300
2	$(900 \cdot 2) + 400$	2,200
3	$(900 \cdot 3) + 400$	3,100
t	$(900 \cdot t) + 400$	$900t + 400$

b. $d = 900t + 400$

c. Variable independiente: t;
variable dependiente: d

d. Las respuestas variarán.

Página 11:

a. $a = 35(5) = 175$ aleteos

b. $a = 20(5) = 100$ aleteos

c. $a = 27t$

Página 13:

a. 1,918 artemias

b. q es la variable dependiente porque la cantidad de artemias que quedan por comer depende de la cantidad de artemias que ya se comieron.

c. $q \leq 3,000$

Página 21:

a. $n \leq 10,000$

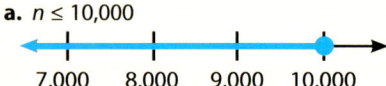

$n \geq 0$

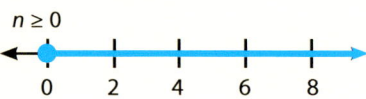

b. Lo opuesto de restar 23 es sumar 23. Al usar la operación inversa, se aísla la variable x. Se tiene que sumar 23 a ambos lados de la ecuación para que la ecuación siga estando equilibrada.

c. $x = 43 - 12$ o $x + 12 = 43$; $x = 31$ nadadores

Página 25:

$\frac{624}{52} = x$ o $52x = 624$; $x = 12$ horas

Resolución de problemas

a. $d = 33t$; variable dependiente: d; variable independiente: t

b. 198 metros

c. 89 minutos